CONSIDÉRATIONS

L'ÉTAT RELIGIEUX ET POLITIQUE

DE L'EUROPE,

ET EN PARTICULIER DE LA FRANCE.

CONSIDÉRATIONS

SUR

L'ÉTAT RELIGIEUX ET POLITIQUE

DE L'EUROPE,

ET EN PARTICULIER DE LA FRANCE;

PRÉCÉDÉES

D'UN DISCOURS DE BUONAPARTE, Ier CONSUL,

AUX CURÉS DE MILAN;

PAR F.-G. COESSIN.

A PARIS,

DE L'IMPRIMERIE DE J. SMITH, RUE DE MONTMORENCY.

1819.

AVANT-PROPOS.

Lorsque j'arrivai à Rome, au mois d'août 1816, plusieurs personnes éminentes par leurs dignités, et encore plus par leur piété et l'étendue de leurs vues, me prièrent de leur donner mon sentiment sur l'état actuel de la religion en France. Ce fut à cette occasion que j'écrivis les Considérations suivantes. Mon dessein, en les publiant, est de faire voir à l'immense majorité des Français qui aiment comme moi l'esprit de la révolution, que la religion catholique, apostolique et romaine, loin d'être un obstacle au triomphe de cet esprit, en est au contraire la vraie origine, et peut seule aujourd'hui lui donner une base solide et éternelle. Cette opinion, présentée dans toute sa simplicité, ne m'est pas particulière; et, pour lui ôter tout ce qu'elle pourrait avoir d'étrange aux yeux des personnes à qui je m'adresse, je vais rapporter textuellement la traduction française d'une *Allocuzione* de Buonaparte, premier consul, aux curés de Milan réunis, où l'on verra qu'aux beaux jours de sa renommée, ce général se plaisait à manifester des sentimens en partie conformes à ceux que j'exprime. Mon but n'est point ici de supposer des intentions bonnes ou mauvaises à l'auteur de ce discours (1) ; la charité chrétienne me défend de juger de l'intérieur des autres hommes : ce soin appartient à Dieu seul. En admettant même que je fusse autorisé à porter un jugement de cette espèce, il serait plus raisonnable, et surtout beaucoup plus charitable, de penser qu'alors, jeune et couvert de gloire, cet homme laissa aller un moment son ame aux grandes émotions, et crut, au moins pour quelques instans, à ce qu'il annonçait avec autant de solennité. Cette manière de juger Buonaparte a d'ailleurs ici cet avantage, qu'elle donne un grand poids aux Considérations que je publie, puisque, loin de persévérer dans les desseins qu'il manifestait alors, il n'a pas cessé un seul jour de s'en écarter. Il est même arrivé à un tel degré d'aveuglement, qu'on lui a vu renouveler, sur la personne de Pie VII, de plus horribles persécutions que celles qu'il reprochait si amèrement à la cruelle politique du Directoire envers Pie VI (2). Doit-on donc s'étonner qu'à une époque où cet homme s'honorait de rendre un hommage, au moins extérieur, à une doctrine réellement vénérable, il ait orné sa vie de quelques belles ac-

(1) Je sais, comme tout le monde, que Buonaparte a fait le Mahométan en Égypte.

(2) *Voyez* le Discours, page 9, ci-après.

tions, puisque tel est l'ascendant merveilleux de la religion que le seul respect extérieur qu'on lui porte donne une puissance immense sur le cœur des hommes, même les plus impies. Et maintenant, si l'on a vu ce même homme rompre, avec plus d'éclat qu'il ne les avait contractés, ses engagemens avec Dieu et avec son église, ne peut-on pas en inférer que cette infidélité dans ses promesses a été en lui l'origine de cet esprit de vertige et d'erreur, d'orgueil et d'insupportable domination qui l'a rendu odieux à toute l'humani'é. Quel est l'homme, conservant encore quelque foi, qui puisse contester la justesse de ces conclusions?

J'ai cru ces courtes réflexions nécessaires pour prévenir toute fausse interprétation sur les vues dans lesquelles je produis le document historique qu'on va lire. J'accompagnerai ce document de quelques notes dans lesquelles je ferai voir qu'il renferme tous les mauvais germes qui auraient pu être étouffés dans l'ame de cet homme célèbre, s'il eût été placé dans des circonstances moins défavorables; mais que ces mauvais germes, cultivés par les mains impies qui ont donné une direction fausse et odieuse à l'esprit de la révolution, se sont au contraire développés dans une mesure si effrayante, que tout ce qu'il y avait de bon en lui a été étouffé.

Au reste, c'est une chose particulière au génie de Buonaparte, que les sentimens qu'il affectait étaient presque toujours meilleurs que ceux qu'il éprouvait, s'il est permis de juger de ceux-ci par l'ensemble de ses actions. Je me crois donc suffisamment justifié d'avoir présenté son discours comme le préambule des Considérations qui suivent; je désire qu'en ce moment où les esprits sont généralement portés sur le sujet qu'on y traite, elles contribuent à faire faire quelques réflexions sérieuses au petit nombre d'hommes sages qui aiment le bon et l'honnête par-dessus tout. Ces hommes savent qu'une société n'est solidement établie que lorsque les forces physiques et les forces morales y sont unies de manière à recevoir le plus haut degré d'exaltation dont elles soient susceptibles.

FIN DE L'AVANT – PROPOS.

DISCOURS

DE BUONAPARTE, PREMIER CONSUL,

AUX CURÉS DE MILAN.

« J'ai désiré vous voir ici tous rassemblés,
« uniquement pour avoir le plaisir de vous faire
« connaître moi-même mes sentimens sur la re-
« ligion catholique, apostolique et romaine.

 « Persuadé qu'elle est la seule qui puisse
« former le bonheur d'une société quelconque
« bien ordonnée, et consolider les bases de tout
« bon gouvernement, je vous assure que, dans
« tous les temps et par tous les moyens, j'en
« serai toujours le protecteur et le défenseur (1).
« Je vous regarde, vous qui êtes les ministres

(1) C'est toujours sous le rapport de *son utilité* que
Buonaparte considère la religion, et il ne s'en déclare le
protecteur que parce qu'elle seule peut consolider les bases
de tout bon gouvernement. Cela est vrai sans doute; mais
cette disposition d'esprit, qui tend à subordonner sans cesse
la religion au gouvernement, est une vue fausse et qui va
très-loin.

« de cette religion, qui est aussi la mienne,
« comme mes plus chers amis; je vous déclare
« que je saurai punir exemplairement avec les
« peines les plus rigoureuses, et, s'il en est be-
« soin, même par la mort, comme perturbateurs
« du repos public, tous ceux qui feront la
« moindre insulte à votre religion et à la mienne,
« et qui oseront, de quelque manière que ce
« soit, mépriser vos sacrées personnes.

« Mon intention expresse est que la religion
« chrétienne, catholique et romaine soit con-
« servée dans sa pleine vigueur et dans la pos-
« session totale de cet exercice libre et public où
« elle se trouvait lorsque je parus pour la première
« fois dans ces heureuses contrées. Quelque
« atteinte qu'on y ait donnée dans le temps de
« mon premier séjour en Italie, surtout par
« rapport à la discipline, le tout est arrivé malgré
« moi et contre mon inclination.

« Simple agent d'un gouvernement qui ne
« se mettait nullement en peine de la religion
« catholique, je ne pouvais alors empêcher tous
« ces désordres que l'on voulait absolument
« introduire à son désavantage. Revêtu à présent
« d'une plénitude de pouvoirs, je suis résolu
« à mettre en œuvre tous les moyens que je
« connaîtrai les plus propres à défendre et à
« soutenir cette même religion.

« Les modernes philosophes se sont efforcés
« de persuader à la France que la religion ca-
« tholique est ennemie implacable de tout sys-
« tème démocratique, de tout gouvernement
« républicain. De là a pris son origine cette
« fière persécution que la république française
« fit à la religion et à ses ministres, et de là
« vinrent de même toutes les horreurs auxquelles
« cette nation disgraciée ne s'est trouvée que
« trop en proie.

« La diversité d'opinions n'eut pas peu de
« part à ces désordres. A l'époque de la révo-
« lution elle dominait dans la France, qui n'était
« d'ailleurs que trop divisée en différentes sectes
« sur le point de la religion.

« L'expérience a détrompé les Français et les
« a convaincus que la religion catholique est
« celle qui, plus que toute autre, s'adapte à un
« genre de gouvernement quelconque (1) et

(1) *La religion catholique ne s'adapte point à un genre
de gouvernement quelconque*, mais elle peut subsister sous
un genre de gouvernement quelconque sans le troubler,
même en lui formant ses citoyens les plus fidèles et les plus
dévoués. Il est pourtant vrai de dire que, si la religion catholique ne s'adapte pas à tout genre de gouvernement,
un gouvernement ne peut avoir toute sa perfection qu'autant qu'il est en quelque sorte la *figure matérielle* de la
doctrine catholique.

(8)

« qu'elle développe d'une manière spéciale les
« principes et soutient les droits du gouverne-
« ment démocratique républicain.

« Je suis philosophe, moi aussi, et je connais
« que, dans une société quelconque, un homme
« ne peut être ni honnête ni juste s'il ne sait
« d'où il vient et où il va.

« La raison ne suffit point pour lui procurer
« cette lumière. Sans la religion, tout homme
« est obligé de marcher toujours dans les té-
« nèbres. La seule religion catholique est celle
« qui, à la clarté infaillible de son flambeau,
« découvre à l'homme son origine et son
« terme.

« Une société quelconque ne peut subsister
« sans morale; il ne peut y avoir de bonne
« morale là où la religion n'existe pas; ce n'est
« donc que de la religion que toute société peut
« avoir son appui.

« Une société sans religion est semblable à
« un vaisseau sans boussole; et, comme un vais-
« seau sans boussole est toujours incertain sur
« la route qu'il tient et est privé de l'espérance
« d'entrer dans le port, ainsi une société sans
« religion est toujours agitée et secouée par le
« tourbillon des passions les plus furieuses, et se
« trouve perpétuellement en proie aux fureurs
« d'une guerre intestine qui la précipite dans

« un abîme de maux qui, tôt ou tard, la con-
« duisent nécessairement à périr.

« La France, instruite par ses propres cala-
« mités, a finalement ouvert les yeux; et, s'at-
« tachant à cette ancre, qui seule pouvait la
« sauver au milieu de la tempête, elle a rappelé
« de nouveau dans son sein la religion catho-
« lique.

« Je dois avouer que, de mon côté, j'ai beau-
« coup contribué à cette belle œuvre; je vous
« assure qu'en France, les églises sont de nou-
« veau ouvertes, que la religion catholique y
« reprend son ancienne splendeur, que le peuple
« français regarde avec respect ces sacrés pas-
« teurs qui, pleins de zèle, retournent au milieu
« de leur troupeau qu'ils avaient été forcés d'a-
« bandonner.

« Il ne faut pas que l'événement du souverain
« pontife défunt vous tienne en appréhension; la
« disgrâce de Pie VI doit être en partie im-
« putée aux manéges des personnes à qui il
« avait donné sa confiance, et en partie aussi
« à la politique cruelle du directoire français.
« Quand je pourrai avoir une entrevue avec le
« nouveau pape, j'espère que j'aurai l'avantage
« de lever tous les différends qui tiennent encore
« en suspens la réconciliation de la France avec
« le souverain pasteur de l'église.

« Je n'ignore pas non plus les vicissitudes que
« vous avez éprouvées. Je sais combien vous
« avez souffert dans vos personnes et dans vos
« biens. Vos personnes, je vous le répète, seront
« à l'avenir respectées et sacrées (1). Quant à
« vos biens, aussitôt que la chose sera possible,
« je ne manquerai point de donner les ordres
« convenables pour qu'ils vous soient rendus,
« du moins en partie, et je ferai de sorte que
« vous soyez assurés, d'une manière stable, d'un
« traitement convenable et décent pour votre
« entretien (2).

(1) Tout vient toujours de Buonaparte. Il croit que sa
volonté suffira pour faire respecter à l'avenir la personne
des prêtres; et cette volonté d'où lui vient-elle? Toujours
de ce qu'il considère la religion comme un moyen de consolider un bon gouvernement.

(2) Comment le fera-t-il? toujours *parce qu'il le voudra*..... Cet homme se croit déjà Dieu. C'est par révéla-
tion divine que Moïse fixait le temporel des prêtres et des
lévites, et non par sa volonté : c'est seulement ainsi que
ses lois devenaient obligatoires pour le peuple d'Israël,
et qu'il n'était permis à personne, quel que fût son rang,
de les transgresser, même dans sa pensée. Mais Buonaparte, ce sera *par sa volonté* qu'il obtiendra tous ces ré-
sultats.

Qui ne voit combien est fausse cette disposition d'esprit
et avec quelle rapidité elle mène à la plus effroyable tyrannie, même en supposant de bonnes intentions à celui

« Tels sont les sentimens que je voulais vous
« manifester personnellement à vous aussi, par
« rapport à la religion chrétienne, catholique et
« romaine.

« Je désire que ces sentimens soient recueillis
« par vous, arrangés et publiés avec mon appro-
« bation par le moyen de l'impression, de ma-
« nière qu'ils soient connus non seulement à
« l'Italie, à la France, mais en même temps à
« l'Europe toute entière (1). »

qui s'y laisse entraîner ? Qui ne voit encore que l'homme
qui nourrit de telles pensées, par un renversement de
toutes les lois divines et de toutes les lois du monde vivant,
voudra assujétir un jour l'autel au trône, ou, en d'autres
termes, l'esprit au corps ?

J'en dis autant de tous ces législateurs du jour qui
considèrent la religion comme un instrument puissant dont
ils croient bon de se servir ; et je ne vois aucune différence
entre eux et Buonaparte, car ils vont tous à une même fin,
qui est une tyrannie intolérable, puisqu'ils ignorent comme
lui que la puissance ne vient pas d'eux, mais uniquement
de Dieu. Au reste, je n'affirmerais pas que Buonaparte
l'ignorât, mais il paraissait vouloir l'ignorer, tandis qu'il
serait possible que les législateurs du jour l'ignorassent
réellement.

(1) Sans doute ces protestations solennelles ne laissent
rien à désirer ; mais il est malheureux que le fond de la
pensée aille directement contre la fin de la religion, qui
est de convertir la volonté des hommes et non de la domi-
ner ; car, une fois notre volonté ainsi convertie, nous n'ai-

Lorsque ce discours fut fini, un vénérable vieillard, doyen de l'assemblée, eut le courage de répliquer au consul : *Les promesses que vous faites sont magnifiques, il reste à savoir comment les effets y répondront.*

mons plus que le bien; et non seulement alors on n'est pas esclave, mais on est parfaitement libre, puisqu'on ne fait que ce qu'on aime. C'était donc à faire aimer sa volonté que Buonaparte devait s'appliquer, et c'était aussi cela seul qu'il devait promettre en montrant toutefois, comme il l'a fait dans ce Discours, que son intention était de la bien diriger. Ces diverses réflexions signalent clairement, ce me semble, l'orgueil des paroles de cet homme : *Je ferai respecter votre caractère, vos personnes ; je vous assurerai des propriétés.* Il n'était en son pouvoir de tenir aucune de ces promesses ; mais il pouvait beaucoup, en ne faisant que des actions de justice et en donnant lui-même l'exemple d'une piété véritable.

C'est ainsi qu'il aurait pu espérer d'attirer la bénédiction de Dieu sur lui et sur notre France infortunée.

FIN DU DISCOURS.

CONSIDÉRATIONS

SUR

L'ÉTAT RELIGIEUX ET POLITIQUE

DE L'EUROPE,

ET EN PARTICULIER DE LA FRANCE.

Dans toutes les nations de l'Europe, les classes élevées de la société reviennent aux sentimens religieux; mais elles ne reviennent point encore à l'Eglise catholique, apostolique et romaine. L'état de la France n'offrirait pas un bon moyen de former son jugement à cet égard; là, les maux politiques se confondent si intimement avec les maux de la religion, que le retour des classes élevées de la société vers la religion n'est souvent qu'une combinaison politique. Néanmoins, en France comme ailleurs, le philosophisme a perdu de sa puissance, et le retour aux sentimens religieux y est un besoin généralement senti (1). Les intérêts temporels des prêtres, qui se lient naturellement avec les intérêts des classes privilégiées, ont peut-être été en France le plus grand obstacle au rétablissement de la religion, qui, sans cette circonstance, s'y serait opéré d'une manière presque miraculeuse.

L'église ne saurait trop séparer ses intérêts spirituels et temporels des formes sociales dont tous les peuples d'Europe veulent faire de dangereux essais ; il n'y a pas une combinaison politique ou sociale, actuellement sur le tapis, dont l'existence ne doive être extrêmement éphémère; il ne convient donc point à l'Eglise de se lier à ces combinaisons.

(1) *Extrait d'une lettre écrite d'Allemagne par un voyageur, dans le courant de janvier* 1819.

« L'époque actuelle est une espèce de nouvelle ère pour
« le Saint-Siége. Les traités conclus depuis la restauration
« lui ont donné plus de consistance. On paraît avoir géné-
« ralement senti le besoin de rendre plus d'ascendant aux
« idées religieuses ; d'y chercher un nouveau frein en mo-
« rale, un supplément à la législation et un appui de plus
« pour l'autorité légitime. Cette tendance a dû naturelle-
« ment porter toutes les puissances chrétiennes à renou-
« veler et à resserrer leurs liens avec le Saint-Siége : il est
« utile et curieux d'observer la marche et le résultat de ce
« système, etc., etc.

Il faut que ce retour soit bien ostensible, puisque l'auteur de cette lettre s'en est aperçu.

Buonaparte a été regardé comme un puissant ennemi de la religion ; il lui a cependant fait un bien apparent, en ce que la haine qu'on avait pour lui a porté plusieurs de ses ennemis à croire qu'ils lui faisaient un grand mal en fréquentant les églises dont il paraissait avoir juré la ruine. Toutefois le gros de la nation , qui l'avait en horreur, ne se dirigeait pas vers les églises, mais bien vers le système social des Anglais ou des Américains du nord. L'opinion en France est encore la même aujourd'hui.

L'admiration pour le système anglais ou américain est un sentiment faux.... Ce système est fondé sur le monopole, et ne pourra jamais être généralisé. Il convient à une, ou tout au plus à deux nations qui en jouissent exclusivement, mais il ferait la ruine de toutes, si, par une combinaison qu'on doit regarder comme impossible , il pouvait devenir commun à toutes.

Néanmoins, en France et dans toute l'Europe, ce système social a pour lui ce qu'on appelle en général les hommes éclairés. De là vient que ces hommes, que l'on appelle éclairés, sont d'abord, par impiété, et ensuite politiquement, ennemis de l'église catholique, apostolique et romaine, parce que, comme l'a très-bien prouvé Bossuet dans son *Traité des variations* et dans les autres pièces qui font partie de la même collection, le protestanisme se lie avec toutes les idées de souveraineté du peuple, que l'église catholique exclut naturellement.

Vouloir arranger l'église catholique avec le système social anglais ou américain, c'est vouloir une chose impossible, c'est ignorer les plus simples élémens de la science sociale et politique. On peut être frappé de la sagesse des Anglais, je le suis moi-même, et je l'admire probablement autant que tout autre, parce que je connais très-bien l'esprit fondamental de cette sagesse, et une multitude de ses conséquences. Mais, je le répète, ce système social, cette sagesse anglaise, ne peuvent jamais faire prospérer qu'une ou deux nations exclusivement. Ce n'est donc point un système catholique ou universel. En effet, le système anglais est fondé sur l'hérésie, comme l'a très-bien prouvé Bossuet dans les ouvrages que j'ai cités plus haut.

Est-ce à dire, avec M. de Bonald, qu'il faille en revenir aux anciennes institutions de la monarchie française; je ne le pense point; je le regarde, au contraire, comme impossible.

Ce n'est pas le philosophisme, comme on le croit vulgairement, ni le défaut de fermeté du prince, qui ont détruit les classes privilégiées en France. C'est la force des choses, dont le philosophisme n'était qu'une fausse expression.

L'abolition de l'esclavage n'est pas une chose

de convention ; la liberté ne se donne pas, elle s'acquiert; et, quand on l'a acquise, on ne la perd plus qu'en mourant, pour rentrer dans le sein de l'Eternel où se trouve la vraie liberté, la liberté pure et sans tache.

Les classes privilégiées sont devenues inutiles en France (1), comme dans tout le reste de l'Europe, la Russie exceptée ; voilà pourquoi elles font d'inutiles efforts pour se rétablir. C'est un travail bien vain, que de chercher, avec beaucoup d'esprit et une tête très-forte, l'utilité d'un noble dans l'état actuel de la civilisation européenne; c'est le travail qu'a fait M. de Bonald.

Lorsque les apôtres de J. C. disaient aux esclaves romains qu'ils devaient obéissance à leurs maîtres dans ce monde, mais que les places dans le ciel seraient données d'après la sainteté seulement, et que d'un autre côté ils disaient aux maîtres de traiter leurs esclaves avec bonté, leur persuadant, comme à ces mêmes esclaves, qu'il n'y avait de supériorité ou d'infériorité réelle que dans la sainteté, ils disaient sans doute de grandes vérités; mais qui ne s'aperçoit qu'ils préparaient ce que nous voyons aujourd'hui, et que ce qu'ils annonçaient être dans le ciel devait un jour descendre sur la terre; ce n'était pas telle ou

____

(1) Il faut en excepter la chambre des pairs, dont l'utilité est suffisamment reconnue. Tout le monde sait qu'elle n'est pas moins utile que la chambre des députés.

telle classe de la société que ces apôtres cher-
chaient à élever, mais toute l'espèce humaine :
ils devaient donc être bien reçus des uns et mal
reçus des autres, car ils tenaient alors le flambeau qui dirigeait l'espèce humaine dans les
routes de l'avenir, annonçant *la bonne nouvelle*,
je veux dire la liberté et l'égalité, qui sont les
biens les plus doux que l'homme puisse désirer en
ce monde (1). Aussi les corps organisés du vieil
ordre social établi les persécutaient-ils ; mais
tout ce qui avait l'ame assez grande pour péné-
trer dans l'avenir les soutenait. Quelques-uns
même s'élevant au-dessus des révolutions auxquelles l'espèce humaine a été livrée par Dieu

(1) Non pas la liberté sans religion qui conduit les esprits conséquens à la plus grossière immoralité, ni l'égalité sans hiérarchie qui n'est qu'un épouvantable désordre,
mais la liberté en J.-C., selon l'expression de saint Paul, et
l'égalité dans le vrai ordre traditionnel de l'église. Rien
n'a fait plus de tort à l'église que d'y avoir introduit les prétentions de l'ordre charnel ; le bien ne souffre pas le mal. Je
parle ici de l'ordre charnel selon le monde ; car, pour le
peuple choisi de Dieu, il subsiste dispersé, méprisé, souvent
méprisable, et cependant sans se mêler, pour nous révéler,
en son temps, une grande vérité qu'il faut prendre garde
d'appliquer aujourd'hui mal à propos. C'est ce que font ceux
qui ne connaissent pas les lois de la nature, et qui s'ima-
ginent que le monde n'est pas un livre tout aussi bon à lire
que la Bible. L'un et l'autre ne sont-ils pas l'ouvrage de
Dieu ?

dans sa juste colère, ne voyaient que le royaume du ciel; ceux-là devenaient des saints contemplatifs, qui allaient consommer leur vie dans les déserts, en se soumettant dès-lors entre eux à la forme sociale à laquelle tous les chrétiens se soumettront un jour. Quant aux privations temporelles que ces ames grandes et généreuses s'imposaient, elles avaient plusieurs motifs qu'il n'est pas utile d'examiner ici. Ces premières ébauches étaient sans doute incomplètes, mais le système social des Romains en était cependant banni. Doit-on donc s'étonner que les empereurs romains persécutassent les chrétiens, qui ne pouvaient leur obéir que pour la forme, mais qui au fond étaient leurs plus terribles ennemis? Qu'il serait heureux que l'on persécutât aujourd'hui les chrétiens de la même manière et pour les mêmes motifs; mais non, on croit devoir les laisser mourir, comme un vieillard inutile, avec des égards insultans : et ce système politique serait vraiment effrayant, si le chrétien qui connaît toute la force de la vérité et l'excessive faiblesse du mensonge, ne méprisait avec raison ce dédain insensé de l'impie.

Ce n'est cependant pas la doctrine chrétienne qui a amené la destruction du système d'esclavage et de nos jours l'abolition des classes privilégiées, mais bien une multitude de causes réunies dont la doctrine chrétienne est la seule

expression vraie, et non les doctrines sophisti-
tiques actuelles qui n'en sont que des expressions
fausses et décolorées, parce qu'elles sont sans vie.

Toutes les religions, toutes les doctrines gé-
nérales, les fausses comme la vraie, ont toujours
été la prophétie des formes sociales à venir;
mais à la seule vraie religion, à la seule vraie
doctrine qui est la religion, ou la doctrine catholique, apostolique et romaine, appartient exclusivement le privilége sublime d'être le germe et
la législatrice de cette nouvelle forme sociale
contre laquelle luttent vainement les préjugés du
clergé aux libertés gallicanes, ceux de l'oligarchie
héréditaire, ceux de l'oligarchie financière, et
enfin ces préjugés plus anti-catholiques que tous
les autres, si cela est possible, qui ont pour but
de consacrer la doctrine monstrueuse de la souveraineté du peuple.

C'est donc en vain que l'on voudrait réduire
les chrétiens à prier Dieu seulement ; il faut qu'ils
le prient continuellement sans doute, mais il faut
aussi qu'il sorte de l'église une forme sociale qui
sera égale en perfection à la doctrine qui l'aura
produite, et cette forme sociale classera les
hommes, d'abord par leur sainteté (1), puis par

____

(1) *Saint* veut dire essentiellement pur, *souverainement
parfait. Catholique* veut dire *universel.* Ainsi, un saint catholique est le vrai noble dans l'espèce humaine. Il n'est

leurs autres mérites relativement à la société dont ils feront partie. Voilà la tendance nécessaire du christianisme.

C'est donc encore une prétention non moins ridicule de vouloir rétablir en France l'ancien ordre des choses, que de vouloir y rétablir l'esclavage depuis long-temps repoussé loin de nous avec horreur.

L'église a été dépouillée, comme les nobles, d'une partie de sa puissance et de toutes ses richesses. Quand une terrible révolution n'aurait pas opéré ce changement avec des maux épouvantables, il se serait fait naturellement, parce que les fleuves ne vont pas plus invinciblement à la mer que la puissance et la richesse ne vont dans les mains des hommes habiles et industrieux.

Quant à l'opinion de ceux qui tirent de là cette conséquence qu'il ne faut pas instruire le peuple;

pas l'*homo gentis*, le gentilhomme, l'homme de telle ou telle nation, destiné à défendre telle ou telle circonscription géographique ; il est ce qu'il y a de plus parfait dans la nature humaine ; il est le vrai baume vivant de la terre destiné à conserver toutes choses dans la paix et l'union. Depuis le christianisme, il n'y a plus de gentilshommes pour les vrais voyans, il n'y a plus de nations à circonscriptions géographiques, et c'est ce qui fait qu'aujourd'hui les rois ont tant de peine à persuader de certaines choses à leurs peuples. Mais ne disons pas tout, nous parlerons encore, si Dieu, qui aime à conduire ceux qui ont le cœur pur, ne nous ordonne pas de nous taire ou d'agir.

comme cette opinion est absurde, et d'ailleurs tout-à-fait anti-catholique, je crois inutile de la combattre.

Ce n'est pas que si on le regardait comme nécessaire, je ne pusse le faire avec des raisons si puissantes, qu'elles seraient certainement victorieuses. J'en dis autant de ces raisonnemens non moins absurdes, que certains esprits bornés qui se prétendent les seuls amis de l'ordre, font contre ces machines ingénieuses que Dieu inspire à l'homme pour le soulager dans ses pénibles travaux, ou contre ces méthodes d'enseignement mutuel ou autres destinées à abréger les fastidieuses études de la jeunesse. Mais, qui pourrait combattre toutes les inepties des faux dévots et toutes les folies des impies ?

C'est encore une bien fausse assertion de dire, par exemple, que les terres des moines étaient mieux cultivées que toutes les autres ; cela peut-être a été vrai à d'autres époques, mais certainement jamais le sol de la France n'a été mieux cultivé qu'il ne l'est actuellement, et cependant il est encore loin de l'être aussi bien que l'est celui de l'Angleterre.

Je sais que l'église ne doit pas s'occuper des richesses temporelles ; mais l'état actuel des choses veut que tout possesseur d'un outil ne le conserve qu'aux conditions de s'en mieux servir que tous les autres. Il est de notoriété publique

que les richesses temporelles possédées aujour-
d'hui par l'église ne sont pas les mieux admi-
nistrées ; elle doit donc les perdre, ou se déter-
miner à faire mieux que les autres, ce qui lui est
facile, parce qu'elle en a tous les moyens en elle.

Il est très-important de comprendre tout ceci
qui est déjà dans le passé, pour se bien diriger
dans l'avenir.

Sans doute, l'église a le droit de réclamer
celles de ses propriétés qui n'ont pas été vendues ; elles lui appartiennent aussi légitimement,
qu'à un fils l'héritage de son père. Mais cela est si
loin de suffire à ses besoins, que si elle n'y joint
pas la prétention de recouvrer un jour les autres
propriétés qu'elle a perdues, il vaudrait presque autant pour elle qu'elle les eût toutes aban-
données, et qu'elle eût cherché quelque autre
moyen de pourvoir à son temporel.

Encore, si le mal se bornait là, mais les prétentions du corps des prêtres à recouvrer les biens
qu'il a perdus, le constituent ennemi de tous les
possesseurs de ces biens ; et, comme il les ré-
clame aux mêmes titres que les émigrés dépouillés,
il fait cause commune avec ceux-ci, et se trouve
aussi par là ennemi de tous les possesseurs de biens
d'émigrés. Si l'on ajoute à cette quantité d'ennemis tous ceux qui le sont par un reste d'esprit
philosophique, ou par ce qu'on appelle aujour-
d'hui en Europe, *les idées libérales*, qui sont

celles de toute la classe moyenne ; on verra que l'église n'a pour elle que les nobles dépouillés, quelques individus des basses classes de la société, puis enfin quelques bonnes ames, bien rares, qui ont une vraie et solide piété ; mais, le corps des prêtres se trouvant toujours dans une attitude menaçante par rapport aux détenteurs des biens sur lesquels il conserve des prétentions, au lieu de présenter un caractère d'abnégation et de miséricorde, qui est le sien, ne présente, au contraire, qu'un caractère d'avidité et d'attachement aux richesses temporelles, qui lui est tout-à-fait étranger, et qui le rend peu propre à faire des conversions, ou simplement à entretenir la piété des fidèles.

On n'a pas oublié non plus que ceux qui possèdent des richesses inaliénables, s'abandonnent souvent à de grandes négligences dans leurs devoirs, et même dans leurs mœurs.

Et même quand on rendrait à l'église toutes ses propriétés foncières et ses droits de dîmes, cela serait encore loin de suffire à ses besoins, à cause du développement de la population, par l'accroissement de la puissance industrielle. Les rapports avec Dieu sont immuables, mais les rapports avec le monde changent sans cesse.

Je ne doute point que, si l'on permettait de faire des donations à l'église, elle en recevrait bientôt au-delà de ses besoins actuels ; mais ce

mode est mauvais pour les prêtres eux-mêmes ;
parce qu'il convient que les prêtres vivent de
leur travail, comme toutes les autres classes de
la société. L'état actuel du monde le veut ainsi.

Je ne prétends pas dire que le prêtre doit vivre
au jour le jour, tendant la main comme le pauvre ;
mais il faut que l'existence du corps social soit
tellement liée avec le respect pour la religion et
le corps des prêtres, que l'un ne puisse pas espérer de subsister sans l'autre.

Ce grand perfectionnement dans le système
social ne peut venir que de l'église, et par la
volonté de son chef, qui est le pape. C'est en vain
qu'on l'attendrait de quelque prince bien inten-
tionné ; un prince de cette espèce pourrait aider
à faire une telle entreprise, mais il est absolument impossible qu'elle vienne de lui, à moins
qu'il ne soit monté sur le trône par suite d'un
événement mémorable. C'est en ce sens qu'un
homme extraordinaire a pu donner quelques
raisonnables espérances aux gens vraiment religieux, et que tous ont approuvé le concordat
qui le liait à l'église, et lui donnait les moyens
de réaliser de grandes choses. Mais les temps
n'étaient point encore arrivés, et cet homme s'est
ruiné dans l'impiété (1).

____

(1) Buonaparte a fait trois fautes capitales. La première,
de se brouiller avec le chef visible de l'église, qui l'avait

Loin donc de se rallier à un ordre de choses usé , qui croule de toutes parts pour ne se jamais

consacré de ses propres mains...... *La puissance vient de Dieu......* Buonaparte le savait, il en avait du moins l'instinct. La deuxième, de divorcer avec Joséphine..... *Il ne faut pas séparer ce que Dieu a joint.* Et la troisième, de créer une noblesse héréditaire avec des priviléges particuliers ; J.-C. ayant dit : *Qui est ma mère et qui sont mes frères ?* et, étendant sa main vers ses disciples : *Voici,* dit-il, *ma mère et mes frères ; car quiconque fait la volonté de mon père qui est aux cieux , celui-là est mon frère , ma sœur et ma mère.* On voit que ces trois fautes ont une origine et des conséquences communes, qui sont l'ignorance de Dieu et le mépris de sa parole et de sa loi sainte. MM. les politiques de toutes classes et de tous partis , je sais, non pour l'avoir entendu dire , mais par mon propre esprit, que vous faites de grandes combinaisons pour de certains cas. C'est là du temps bien mal employé ; car vous êtes, comme tout le monde, dans la main toute-puissante de Dieu, et vous n'êtes pas plus appelés que Buonaparte à être fondateurs , Buonaparte dont vous n'avez d'ailleurs ni l'esprit fort et étendu, ni l'indomptable volonté. Ignorez-vous qu'on ne fonde point avec de la boue ou avec des prétentions orgueilleuses , et que la plus haute sagesse répète depuis plus de vingt siècles : *Celui qui méprise Dieu creuse sa tombe... Celui qui s'élève sera abaissé.* On peut soutenir quelques instans une chose établie, avec une piété de convention, comme l'avaient, avant la révolution, tant de nobles dans leurs châteaux , et comme l'ont encore aujourd'hui tant d'autres..... *Nous sommes dans le temps des singeries.....* *Mais on ne fonde un peu solidement que par la foi.....* Voyez Zoroaste, Confucius et Mahomet (je parle aux hommes ins-

rétablir , il me semble que l'église devrait s'appliquer à faire sortir, de la doctrine même dont elle est dépositaire, un ordre de choses conforme à cette doctrine, et qui, par sa ressemblance, tous les jours plus parfaite avec elle, finirait par en avoir toute la solidité ; voilà le vrai travail de l'église ; tout celui qu'elle fait dans l'ordre inverse tend à la détruire, à la dépopulariser, et même à la démoraliser ; car, si l'on demande à un prêtre son manteau, il doit encore donner son habit ; et si on veut lui faire faire mille pas, il doit en faire deux mille. Comment peut-on ignorer que tout appartient à J.-C., et que si le corps des prêtres a déchu temporellement, ce qui, à le bien prendre, a été un effet nécessaire de sa déchéance spirituelle, c'est parce qu'il n'a pas accompli avec l'exactitude et le zèle convenables la volonté de J.-C. On va toujours chercher dans les autres la cause des désastres qu'on éprouve ; c'est la marche qui conduit à en être accablé.

Que l'on considère la nouvelle colère que le parti philosophique manifeste contre le sacerdoce divin, et que l'on n'en cherche pas la cause ailleurs que dans l'heureuse épuration que lui a fait subir le terrible événement de la révolution , épuration salutaire qui, en retranchant les

truits) : *et, pour l'éternité, que par la vérité......* Voyez Abraham, Moïse et J.-C.

membres inutiles ou gâtés, a multiplié infiniment sa force par la vertu éprouvée de la plupart de ceux qui restent. O chère église romaine ! réfugie-toi sans réserve dans la sainteté, et tu verras tous tes ennemis se prosterner à tes pieds, ou plutôt faire ce qui, depuis vingt siècles, est l'objet de tous tes désirs et de toutes tes prières ; je veux dire, adorer ce grand Dieu, créateur du ciel et de la terre, et qui nous a tous appelés, par son fils, ses frères, ses cohéritiers, ses amis ! Dis-moi, ô église, par qui j'ai reçu les douceurs infinies de la foi, qui sont devenus pour moi des sentimens que rien ne peut plus effacer, des sentimens qui me feraient braver la mort la plus cruelle ! Dis-moi, Notre Seigneur et Maître J.-C. a-t-il fait acception du riche et du pauvre, de la chair et du sang ? Notre Seigneur et Maître a-t-il été saint ? Faisons donc de même, toi et nous qui sommes tes enfans, et ne craignons rien de la rage impuissante de nos ennemis ; ils verront bientôt que les lumières de la foi, et les vrais lumières du siècle, ne sont pas aussi incompatibles que la corruption actuelle voudrait le persuader ; car, ce n'est pas la science que l'église craint, mais les doctrines scientifiques auxquelles les vrais savans ne croient pas eux-mêmes (1).

Quant à la prière, je ne doute point que ce ne

______

(1) Ce sont les savans qui ont corrompu les politiques,

soit un moyen très-efficace pour sauver l'église ;
mais on prie mal, quand la terrible pensée du
défaut de pain se mêle à travers les prières. Pour
que le corps des prêtres se soutienne, il faut que
tout prêtre qui accomplit noblement sa tâche,
soit certain que son ample nécessaire ne peut pas
lui manquer, et qu'il voie bien en même temps
que s'il ne remplit pas ces devoirs, il contribue
si directement à la ruine de la société qui le soutient, que ce spectacle lui fasse continuellement
éprouver un salutaire effroi. C'est ainsi que notre
propre corps est organisé..... Ne sais-tu pas, di-
sent les saints livres, *qne si tu fais le mal, le
péché sera couché à ta porte, comme un monstre
pour te dévorer.* Le prêtre est aussi compris dans
cette loi générale d'anathème.

Ainsi, loin de réclamer ses propriétés vendues
ou à vendre, l'église devrait en faire un abandon
généreux aux particuliers ou aux princes qui en
sont les détenteurs, et se mettre à prêcher la mi-

parce qu'il est presque sans inconvénient pour un mathé-
maticien, un physicien, un chimiste ou un naturaliste,
d'être impies, en tant que ces espèces de savans ne se
considèrent pas comme des hommes, mais comme des
appendices un peu plus finis de la brute.......... Une
fausse doctrine qui ne sera guère connue que d'eux, voilà
tout le mal qui peut en résulter ; mais lorsqu'on travaille
sur l'homme, qui est l'arche sainte, il n'est plus permis
d'ignorer Dieu.

séricorde pour toutes espéces de fautes, se pré-
sentant partout pour panser les plaies, et non
pour les agrandir, en leur appliquant des re-
mèdes contraires ou intempestifs.

Mais elle ne doit pas se borner là; il faut encore qu'elle conçoive une forme sociale en har-
monie avec la doctrine de J.-C., et qu'elle en
soit elle-même la promotrice. Les différens ordres
religieux ont été des manifestations plus ou moins
complètes de cette nouvelle forme sociale, et la
tentative des jésuites au Paraguay est un bel
exemple de ce qu'on peut faire en ce genre. Mais
ce ne sont plus des ordres religieux qui doivent
former ces entreprises (1), parce qu'aujourd'hui il
ne faut plus procéder en tâtonnant, mais à coup
sûr; et que d'ailleurs, il ne s'agit plus de réaliser
une conception particulière, mais une institution
générale, qui investisse nécessairement du pouvoir tout ce qu'il y a de plus parfait dans la nature humaine.

C'est à Rome surtout que l'on pourrait appliquer ainsi la doctrine de J.-C. dans toute son
étendue, et faire de ce pays le centre de la religion, des beaux-arts, des belles-lettres, de la
haute politique et des sciences, qui sont d'un si
grand soulagement pour l'homme dans la multitude de besoins dont il est pressé.

(1) Ils peuvent et doivent y concourir cependant.

N'est-ce pas une honte pour la nation catholique, que la Terre-Sainte soit presque inculte ; que les sciences qui, suivant l'Ecriture, *sont bonnes en elles, et selon l'ordre de Dieu*, y soient presque ignorées ; que la politique y soit devenue sans force ; que les beaux-arts, dont elle est le berceau et la nourrice, y périclitent, et que les monumens religieux y soient déserts. On dirait que l'esprit de Dieu, qui a créé Rome moderne, n'est plus assez puissant pour la soutenir. De tous côtés l'on n'aperçoit que des ruines, et la vie semble s'en retirer, comme elle se retire des membres d'un vieillard. C'est la *fin des temps*, nous crient de toutes parts les ennemis de l'église romaine, et moi je réponds : Gardez – vous d'écouter ces faux prophètes ; comme le peuple d'Israël a eu son Moïse, de même les chrétiens *auront leur Elie qui rétablira toutes choses*, selon la parole de J.-C., avant que cette fin des temps puisse arriver. Ce n'est donc pas ici le moment, comme nous l'avons déjà dit, de se réfugier dans la seule prière. Le temps de l'action n'est point passé, puisque J.-C. n'est pas encore connu de tous les peuples. Qui peut ignorer, d'ailleurs, qu'à cette fin des temps, le juif et le chrétien doivent se réunir et reconnaître en commun la divinité de J.-C. ? Tout ceci n'étant point encore arrivé, les signes de la fin des temps ne le sont pas non plus.

Toutefois on peut prévoir de grands maux ; les légions du nord se forment et se grossissent. Qu'on se rappelle cette grande revue de toute l'armée russe, dans les plaines de Châlons-sur-Marne. Là, sept autels étaient dressés, et l'on vit le majestueux spectacle d'un empereur, avec une armée immense, adorant l'éternel et se glorifiant, en présence de toute la nation française, d'avoir usé de la victoire avec la plus insigne modération. C'est le même prince qui a conçu *la Sainte-Alliance*, où l'on a vu d'abord figurer un catholique romain, un protestant et un catholique grec, qui est ce prince lui-même. A présent le voilà qu'il s'entoure d'une armée formidable, et qu'il conquiert avec un art merveilleux le cœur de ses peuples. Peut-on penser que de tels préparatifs, dirigés avec une aussi longue prévoyance, soient sans but, et que la piété de ce prince, élevé dans la philosophie sophistique moderne, soit sans inspiration divine ? Non, sans doute, et il faut bien se résoudre à le dire, l'époque tant prévue de l'envahissement par les peuples du nord s'approche. Sera-ce par des forces physiques ou matérielles que nous leur résisterons ? Nous ne devons pas même y penser, ou plutôt nous devrions être honteux d'y penser. L'effort brutal qu'a fait l'Europe sous Napoléon ne doit plus se renouveler. D'ailleurs, les peuples de ces régions boréales peuvent se consumer dans la guerre, sans perte réelle. Là, les hommes, encore dans l'état d'enfance, sont presque sans valeur, en les évaluant d'après les doctrines politiques modernes. Il y a donc un désavantage évident à mettre un corps de Français en présence d'un corps de Russes, avec les mêmes moyens militaires. On en peut dire autant des autres peuples de l'Europe comparés avec les Russes. Car, que l'on y songe bien, c'est une situation invulnérable en elle-même, et formidable pour les nations voisines, qu'une poignée d'hommes civilisés, entée sur une masse immense d'hommes presque sauvages.

Ce ne sera donc pas par des forces matérielles qu'il faudra résister aux peuples du nord, mais bien par des forces spirituelles, disons-le, par la force même de J.-C. Peuples du Midi et de l'Occident, qui croyez en J.-C., brisez vos armes, fondez vos canons, démolissez vos places fortes; tout cet appareil vous est désormais inutile; disons plus, il est indigne de vous; hâtez-vous aussi d'ouvrir vos grands chemins, vos ports, vos canaux à ces peuples du nord; ne faites obstacle nulle part, mais réunissez-vous de tout votre cœur à J.-C. et à son église, et vous serez encore vainqueurs. Et toi, nation française! ô ma patrie! avec cette puissance qui a fait trembler toute l'Europe, prépare au contraire aujourd'hui tous les hommes à la douce fraternité; sois la première, par un élan généreux, à proclamer dignement la bonne nouvelle; car tous les genres de gloire et d'honneur doivent prendre leur origine au milieu de tes enfans, non pour que tu t'en élèves d'orgueil, mais pour que tu puisses satisfaire dans toute sa plénitude le noble besoin que tu éprouves de communiquer sans cesse à tous, les biens que tu possèdes seule. Vois s'il est sur la terre une autre nation comme toi! Toutes semblent se renfermer dans le glaçant égoïsme, et attendre que tu les ayes pénétrées de ton caractère généreux, pour nous communiquer sans réserve les biens qui leur sont propres. O ma patrie chérie ! c'est donc le noble besoin d'aimer ton semblable comme toi-même qui forme ton caractère spécial et qui t'indique, plus que tout le reste, plus et mille fois plus que toutes tes victoires, que tu es vraiment la grande nation. Aussi, considère comme, par une espèce d'inspiration divine, tous les peuples te chérissent, et avec quel plaisir, sans aucun mélange d'envie, ils te saluent du doux nom de *nation aimable;* considère encore que tu as mérité, par une autre inspiration divine, le titre glorieux de fille aînée de l'église, et que l'un de tes rois bien-aimés, afin qu'il ne manquât rien à la manifestation de tes grandes destinées, t'a placée, dans un moment d'amour et de foi, sous la protection spéciale de la mère du sauveur de l'humanité! Laisseras-tu donc salir dans la honteuse impiété les désirs prophétiques de tes pères et des nations qui t'environnent? Non, j'en fais le serment pour toi devant ton Dieu et le mien. En effet, tous ces peuples qui pressent tes frontières et qui semblent te menacer, qu'as-tu à en craindre? Que demandent-ils? A être mieux? Eh bien! procure-leur ce mieux qu'ils demandent en te le donnant d'abord à toi-même, et pour cela songe que la source de tout bien est dans l'amour de J.-C. qui nous a le premier appelés ses frères pour que nous nous donnassions tous ensuite le même nom... Je parle maintenant à ceux qui ont l'oreille attentive. Quelque petit que soit le noyau qui se formera autour de J.-C., il sera seul sauvé et sauveur, parce que J.-C. a bien plus de force qu'il n'en faut pour repousser toutes les légions qui nous menacent, s'il n'était pas dans les desseins de la Providence de nous faire voir que le renversement de tout ordre, qui n'est pas le sien, doit s'accomplir dans ce temps-ci même, soit par les plus horribles violences, remède que Dieu, malgré nos crimes, n'emploie qu'à la dernière extrémité et après nous avoir bien souvent avertis; soit par le spectacle, infiniment doux, de la nécessité de nous unir à lui, comme seul moyen d'éviter ces violences et de dissoudre sans effort, et par leur propre consentement, toutes ces puissances matérielles. Car ne croyez pas, peuples, que vous arriverez à ce résultat désirable en imitant l'Angleterre, ce symbole vivant et colossal du froid égoïsme et la promotrice naturelle de l'esprit de discorde et de haine (1)!

(1) Je n'ignore pas que cet écrit porte un caractère vague, cela tient à la suppression de plusieurs développemens pour lesquels je n'ai pas cru devoir user de la liberté de la presse.

FIN.

* 9 7 8 2 0 1 2 9 8 2 1 3 0 *